Daniel Koch

E-Commerce. Möglichkeiten und Grenzen des elektronisch unterstützten Merchandisings einer Hochschule

GRIN Verlag

Bibliografische Information der Deutschen Nationalbibliothek:

Die Deutsche Bibliothek verzeichnet diese Publikation in der Deutschen National-
bibliografie; detaillierte bibliografische Daten sind im Internet über http://dnb.d-
nb.de/ abrufbar.

Impressum:

Copyright © 2009 GRIN Verlag GmbH
Druck und Bindung: Books on Demand GmbH, Norderstedt Germany
ISBN: 978-3-656-65288-5

Dieses Buch bei GRIN:

http://www.grin.com/de/e-book/272952/e-commerce-moeglichkeiten-und-grenzen-
des-elektronisch-unterstuetzten

GRIN - Your knowledge has value

Der GRIN Verlag publiziert seit 1998 wissenschaftliche Arbeiten von Studenten, Hochschullehrern und anderen Akademikern als eBook und gedrucktes Buch. Die Verlagswebsite www.grin.com ist die ideale Plattform zur Veröffentlichung von Hausarbeiten, Abschlussarbeiten, wissenschaftlichen Aufsätzen, Dissertationen und Fachbüchern.

Besuchen Sie uns im Internet:

http://www.grin.com/

http://www.facebook.com/grincom

http://www.twitter.com/grin_com

PRIVATE UNIVERSITY
of Applied Sciences

E-Commerce -
Möglichkeiten und Grenzen des elektronisch unterstützten Merchandisings einer Hochschule

Hausarbeit im Rahmen der Prüfung für Diplombetriebswirte
an der PRIVATEN FACHHOCHSCHULE GÖTTINGEN

vorgelegt am:
30. Oktober 2009
von:
Daniel C. Koch

INHALTSVERZEICHNIS

Seite | IV

ABBILDUNGSVERZEICHNIS

TABELLENVERZEICHNIS

ABKÜRZUNGSVERZEICHNIS

Abb.	Abbildung
Anm.	Anmerkung
AStA.	Allgemeiner Studierendenausschuss
Aufl.	Auflage
A. N.	auctor nescitus (unbekannter Verfasser)
B2C	business to consumer
Bd.	Band
C2C	consumer to consumer
ca.	circa (ungefähr)
CD-ROM	Compact Disk – Read Only Memory (Speichermedium)
CI	Corporate Identity (Unternehmensidentität)
d. h.	das heißt
Dr.	Doktor
E-Business	Electronic Business
E-Commerce	Electronic Commerce
E-Market	Electronic Market
E-Marketplaces	Electronic Marketplaces
E-Shop	Electronic Shop
ebd.	ebenda, an derselben Stelle, dort
etc.	et cetera (und so weiter)
f. / ff.	folgende Seite / fortfolgende Seiten
Hrsg.	Herausgeber
http.	hypertext transfer protocol
https.	hypertext transfer protocol secure
i. H. v.	in Höhe von
Jg.	Jahrgang

Kap.	Kapitel
MP3	MPEG-1 Audio Layer 3
N. N.	nomen nominandum (ein zu nennender Name); nomine nescito (von unbekanntem Namen)
o. J.	ohne Jahresangabe
o. O.	ohne Ort
o. V.	ohne Verfasser
Point of Sale	Ort des Verkaufs
Prof.	Professor
S.	Seite
s.	siehe
sog.	so genannt
Sp.	Spalte
Tab.	Tabelle
Top 10	die zehn Höchsten
u. a.	unter anderem
USB	universal serial bus
usw.	und so weiter
Verl.	Verlag
Vgl.	Vergleiche
v.	von
Web	(das Gewebe) gemeint ist ein über das Internet abrufbares Hypertext-System
www	Abkürzung für world wide web (Internet)
z. B.	zum Beispiel

1   Einführung

Ziel dieser Hausarbeit ist es, einen Überblick über die Net-Economy zu geben und die Möglichkeiten und Grenzen, die das Merchandising einer Hochschule im Internet erfahren kann, unter ökonomischen Aspekten aufzuzeigen und kritisch zu hinterfragen.

Aus diesem Grund wurde ein Onlinefragebogen für eine Primärerhebung erstellt, dessen Ergebnisse in diese Hausarbeit mit einfließen.

Es ist mittlerweile selbstverständlich geworden im Internet einzukaufen, dass Web-Anwendungen multimedial sind und sich die verwendeten Technologien in einem permanenten Weiterentwicklungsprozess befinden. Viele Unternehmen haben versucht ihren Gewinn zu erhöhen, indem sie ihren Verkauf auf das Internet ausgeweitet haben oder nur das Internet als Verkaufsort nutzen. Das Interesse an der elektronischen Geschäftsabwicklung scheint relativ hoch zu sein, sowohl bei Anbietern als auch bei Nachfragern.

Vielversprechend wirken auch die Möglichkeiten, die dieser Markt mit seinen Nachfragern den Anbietern eröffnet. Viele Firmen haben bereits Erfahrungen mit dem Electronic Commerce gesammelt.

Wenn ein schlüssiges und erfolgversprechendes Geschäftsmodell vorliegt, bedarf es zur Durchführung einer erfolgreichen Positionierung am Markt „Internet" – unter anderem – einer geeigneten Electronic Commerce Strategie[1], einer Zielgruppenanalyse, dem Aufbau eines Vertriebsnetzes und einer kontinuierlichen Beobachtung des Marktes.

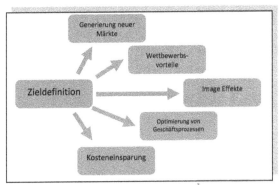

Abb. 1:   Strategische Ziele im Rahmen von E-Commerce[2]

Einige Hochschulen nutzen die Möglichkeiten des Merchandisings und profitieren von dessen Chancen. Ebenso haben sie Anteil an der Net Economy.

---

[1] Anm.: s. Abb. 1 Strategische Ziele im Rahme von E-Commerce
[2] Vgl. Maier, K.; Pützfeld, K. (E-Business), S. 303

2 Grundlagen des elektronisch unterstützen Merchandisings

2.1 Merchandising

„Merchandising is a way to make a visual or written statement about your company through a medium other than paid media with or without one-on-one personal communication. Merchandising includes brochures, sell sheets, product displays, video presentation, banners, posters, shelf talkers, table tents, and any other nonmedia vehicles that can be used to communicate product attributes, positioning, priceing, or promotion information. More and more marketers are using interactive technology in their merchandising programs, such as interactive kiosks and CD-ROMs."[3]

In *Vahlens* „Großem Wirtschaftslexikon" wird Merchandising als Konzept des Handels, der optimalen Warenpräsentation und Kommunikation am Point of Sale definiert.[4]

In seinem Buch „Character Merchandising in Europe" sagt *Ruijsenaars*, dass Merchandising als Vermarktungsform von Werkbestandteilen, zu denen für ihn u.a. auch Titel, Slogans, Einzelbilder, Melodien und sonstige Werkteile fallen, gesehen werden kann.[5] *Böll* fasst diesen Begriff weiter, und sie übersetzt ihn mit „Warenhandel treiben" und „Handelsgüter verkaufen".[6] In der Werbung für Waren und Dienstleistungen und als Einsatz für die Verkaufsförderung versteht *Schertz* den Terminus Merchandising.[7] Desweiteren haben sich viele Sonderformen des Merchandisings gebildet, auf die in dieser Hausarbeit aber nicht weiter eingegangen wird.

„Was immer unter dem Begriff „Merchandising" zu definieren ist: jede Branche, jede Gruppierung hat ihr spezifisches Merchandising. Dieses Merchandising muss selbst erlebt, erfahren und positioniert werden."[8]

Im Sport oder in Verbindung mit Filmen wird Merchandising oft mit Licensing gleichgesetzt. Licensing ist die kommerzielle und damit gewinnorientierte Nutzung einer bereits vorhandenen Popularität auf Basis einer Lizenzvergabe und damit ein relativ neues Instrument von Unternehmen, um das Marktgeschehen in ihrem Sinne zu beeinflussen.[9] In dieser Hausarbeit wird nicht von einem Licensing Projekt ausgegangen.

[3] Hiebing, R. G.; Hiebling, R.; Cooper, S. W. (marketing plan), 2004, S.281
[4] Vgl. Vahlens Großes Wirtschaftslexikon, S. 1445
[5] Vgl. Ruijsenaars, H. (Character), 2003, S. 11
[6] Vgl. Böll, K. (Merchandising), 1999, S. 4
[7] Vgl. Schertz, C. (Merchandising), Beckverlag, 1997, S. 14
[8] Eber, A. (Merchandising), 1991, S. 9
[9] Vgl. Böll, K. (Merchandising), 1999, S. 5

Als Marketinginstrument wird der Begriff des Merchandisings viel weiter gefasst. *Der Brockhaus* führt eine Definition an, die Merchandising „als auf die Warenwirtschaft im Einzelhandel bezogenes Marketinginstrument" erklärt.[10]

So gehen heute Unternehmen Partnerschaften ein, in der zwei Produkte gleichzeitig beworben werden. Es werden sich der Bekanntheitsgrad des jeweils anderen Produktes und die jeweils andere Zielgruppe zu Nutze gemacht. Als Beispiel hierfür kann die aktuelle *Renault Scénic* und *Disney-Pixar* „Oben" - Werbung[11] gesehen werden. Dort werden zwei Zielgruppen zusammengeführt, die augenscheinlich nichts miteinander zu tun haben. *Böll* beschreibt dies als „kommerzielle und kommunikative Nutzung und Verwendung eines Bekanntheitsgrades, den ein anderer geschaffen hat, mit dem Ziel Produkte, Firmen und/oder Marken emotional zu positionieren".[12]

Merchandising wird in seiner neuen Form als Markentransfer gesehen, wo häufig eine Übertragung des Markennamens auf markenneue Produktbereiche vollzogen wird, um diesem den gleichen Bekanntheitsgrad oder Qualitätsanspruch wie der sog. Dachmarke zu verleihen.[13] Inwieweit hierfür ein positives Image der Dachmarke „Hochschule" vorhanden sein muss, soll durch die Auswertung der Umfrage erfolgen.[14] In der Wirtschaft ist das „Branding", das Versehen von T-Shirts, Tassen oder Schlüsselanhängern mit dem Design des Unternehmens schon lange etabliert. Der Vertrieb von Merchandisingartikeln soll das Image der Hochschule stärken. Auch deutsche Universitäten verstehen sich zunehmend als Unternehmen und wollen sich als eigenständige Marke profilieren.[15]

Wenn Merchandising auf die Net Economy trifft wird auch oft von E-Merchandising gesprochen, darunter sind alle quantitativen und qualitativen Aktivitäten zu verstehen, welche zum Ziel haben, den Absatz von Produkten in einem elektronischen Shop zu steigern.[16]

2.2   Net Economy

Als Net Economy wird der wirtschaftlich genutzte Bereich von elektronischen Datennetzen bezeichnet und stellt damit eine digitale Netzwerkökonomie dar, welche die Abwicklung von Informations-, Kommunikations- und Transaktionsprozessen erlaubt.[17] *Grob* spricht dagegen nur von einer Internetökonomie.[18] Die Zeitschrift *Wirtschaftsinformatik* fasste diese Begriffe unter dem Namen „Wertschöpfungsnetzwerke" zusammen.[19] Der Begriff der elektronischen

[10] Vgl. Brockhaus, 8. Auflage, Band 3, S. 550
[11] Vgl. http://www.renault.de/renault-modellpalette/disney-pixar-oben/ (12.10.2009)
[12] Vgl. Böll, K. (Merchandising), Vahlen Verlag, 1999, S. 21
[13] Vgl. Hätty, H. (Markentransfer), Physica-Verlag, 1989, S. 36
[14] Anm.: siehe Kapitel 3 Abb. 5
[15] Vgl. o.V.; Merchandising: Die Universität als Marke in: Kölner Stadtanzeiger am 10.10.2009
[16] Vgl. http://www.startup.ch/index.cfm?CFID=122387&CFTOKEN=42717954&page=113683
[17] Vgl. Kollmann, T., (E-Entrepreneurship), 2006, S. 8.
[18] Vgl. Grob, H. (Internetökonomie), 2006, S. 12 ff.
[19] Vgl. WI-aktuell Heft 1 /2006, S. 7 ff.

Datennetze wird umgangssprachlich häufig mit dem Begriff „Internet" gleichgesetzt.[20] Ebenfalls werden Begriffe wie „E-Business", „E-Commerce" und „E-Market" oft synonym verwandt.[21] Die Abbildung 1 verdeutlicht die Zusammenhänge. Der Begriff des E-Business charakterisiert eine Interaktion zwischen mindestens zwei Akteuren innerhalb eines elektronischen Netzwerkes. Der Umfang dieser Aktion ist aber nicht weiter charakterisiert.

„Die Anbieter von Leistungsaustauschprozessen schaffen eine Möglichkeit des Leistungsaustausches innerhalb elektronischer Netze. Sie stellen innerhalb elektronischer Netze Güter und/oder Dienstleistungen bereit, welche auf Initiative oder Verlangen der Empfänger in Anspruch genommen werden können." [22]

Somit ist das E-Business mit der Frage nach verschiedenen Geschäftsbereichen und auch Geschäftsmodellen verbunden. Da sich diese Hausarbeit mit dem Thema Merchandising einer Hochschule auseinandersetzt, wird hier vornehmlich die Gruppe der Konsumenten aber auch die Geschäftsverbindungen Beachtung finden.

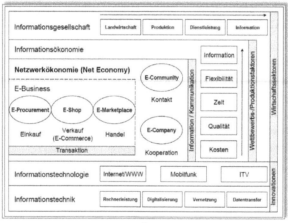

Abb. 2:   Schalenmodell der Net Economy[23]

Eine Auflistung der möglichen Geschäftsbereiche zeigt die Abbildung 2. Diese Hausarbeit soll sich mit dem Geschäftsmodell eines E-Shops, genauer eines Internetshops zum Verkauf von Merchandisingartikeln, beschäftigen. Hier soll in erster Linie die Hochschule als Unternehmen gesehen werden und die B2C-Interaktion in den Vordergrund gerückt werden. Unter B2C versteht man die geschäftlichen Verbindungen von Unternehmen zu privaten Haushalten.

---

[20] Vgl. mit der Website „Die Geschichte des Netzes: ein historischer Abriß" von Jochen Musch unter http://www.psycho.uni-duesseldorf.de/abteilungen/ddp/Dokumente/Publications/ 1997.Musch.GeschichteDesNetzes.pdf (02.10.2009)
[21] Vgl. Wirtz, B., (Electronic Business), 2001, S. 15 ff.
[22] Wirtz, B., (Electronic Business), 2001, S. 35
[23] Kollmann, T. (E-Venture), 2004, S. 5.

Diese Art der Beziehung ist in der Öffentlichkeit die bekannteste Variante der Handelsbeziehungen und wird oft mit dem Begriff Electronic Commerce gleichgesetzt. Bei B2C Geschäftsabwicklungen in der Net Economy handelt es sich überwiegend um sog. Webshops, in denen sich Unternehmen im Internet präsentieren und den Kunden die Möglichkeit geben ihre Waren online zu bestellen.[24] Dabei werden die Begriffe „Shop" und „Store" synonym verwandt.

Der Verkauf in einem E-Shop fällt in den Bereich des Electronic Commerce.

E-Commerce als Unterpunkt des E-Business konzentriert sich auf den Verkauf von Waren u.a. in sog. Internet- oder Webshops, Onlineshops oder E-Shops in elektronischen Datennetzen. Es handelt sich um ein klassisches Händlermodell, welches von der „Digitalen Welt" adaptiert wurde. Hierbei erfolgt eine Interaktion zwischen Händler und Endkunde. Die Einkünfte basieren – unter Berücksichtigung von Porto und Verpackung – im Wesentlichen auf der Differenz zwischen Verkaufs- und Einkaufspreis.

Beim Merchandising kommt noch der Aufschlag für den über den Nutzen gehenden Wertanteil hinzu. Geprägt ist das Ganze durch einen Informations- und Warenfluss vom Händler zum Kunden und vom Kunden zum Händler durch einen Geldfluss.[25]

Nicht selten schließen sich mehrere kleinere Unternehmen auf einer Plattform, den sog. E-Markets, zusammen.

Nachfrager der Leistung			
	Consumer	Business	Administration
Anbieter der Leistung — Consumer	Consumer-to-Consumer	Consumer-to-Business	Consumer-to-Administration
Business	Business-to-Consumer	Business-to-Business	Business-to-Administration
Administration	Administration-to-Consumer	Administration-to-Business	Administration-to-Administration

Abb. 3: Interaktionsmustermatrix des Electronic Business[26]

Nicht nur Unternehmen schließen sich auf solchen Plattformen zusammen. Als mögliche Ausbaustufe eines Webshops kann auch eine Hochschule auch E-Marketplaces oder E-Markets etablieren.

---

[24] Vgl. Maier, K.; Pützfeld, K. (E-Business), 2002, S. 37

[25] Vgl. Böhm, A.; Felt, E. (e-commerce), 2001, S.7 f.

[26] Anm.: Vereinfachte Darstellung in Anlehnung an Wirtz, B. (Electronic Business), 2001, S. 35

Diese – oft als C2C bezeichnete Kommunikation – ist die elektronische Interaktion zwischen Verbrauchern, bei der ein Verbraucher sein privates Angebot auf einer elektronischen Plattform eintragen und über diese Plattform mit ihm in Kontakt getreten werden kann.[27] So kann eine Hochschule auch anderen Personengruppen gestatten, Produkte, die zum Umfeld einer Hochschule gehören, in einem eigenen Bereich des Webshops anzubieten. Dies hat der Internethändler *amazon.de* bereits umgesetzt. Dieser bietet gegen eine geringe Gebühr auch anderen Personen an, seiner Platzform für den Verkauf von privaten als auch geschäftlichen Gütern zu nutzen.[28]

Laut *Kollmann* ermöglichen E-Marketplaces den elektronischen Handel mit Produkten oder Dienstleistungen über elektronische Netzwerke. Damit ermöglicht der Anbieter eine Integration von innovativen Informations- und Kommunikationstechnologien zur Unterstützung und Abwicklung von Angebot und Nachfrage.[29]

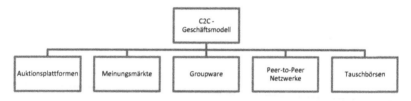

Abb. 4:   C2C Geschäftsmodelle[30]

Dies kann durch ein Zahlungssystem (Payment) und ein Auslieferungssystem (Deliverysystem), beides Bestandteile des Electronic Transaction, erweitert werden.[31]

Die Nutzung der Infrastruktur für andere Geschäftskunden fällt dann in den Bereich der B2B-Interaktion. Das Internetauktionshaus eBay[32] hat sich dem E-Marketplace verschrieben. Bietet daneben aber auch noch eine Electronic Community zum Austausch und zur Bewertung der Teilnehmer. Abgerundet wird diese Electronic Company mit dem eigenen Bezahlsystem *PayPal*[33].

---

[27] Ebel, B. (E-Business), 2007, S. 90
[28] Anm.: siehe „Marketplace" auf http://www.amazon.de
[29] Vgl. Kollmann, T. (E-Venture), 2006, S. 7
[30] Vgl. Ebel, B. (E-Business), 2007, S. 90
[31] Vgl. Wirtz, B. (Electronic Business), 2001, S.235
[32] Anm.: siehe http://www.ebay.de
[33] Anm.: siehe http://www.paypal.com

3 Möglichkeiten im Hochschulsektor

Um die Möglichkeiten aufzeigen zu können, die Merchandising-Produkte im Hochschulsektor in einem Onlinestore erfahren, wurde eine Onlinebefragung unter hochschulnahen Personen durchgeführt. Die Tabelle 1 gibt Aufschluss über die beteiligten Personengruppen und deren

	Personen	Prozent
Professorin / Professor	4	7,41%
Dozentin / Dozent	2	3,70%
Studentin / Student	39	72,22%
Angestellte / Angestellter	6	11,11%
Angehörige	3	5,56%
Summe:	54	Summe: 100%

Anzahl. Von den 54 Befragten würden 37 Personen Merchandising-Artikel ihrer Hochschule kaufen, 3 Personen haben die Frage nicht beantwortet. Von den Personen, die Merchandising-Produkte Ihrer Hochschule kaufen würden, halten 72,97 % die Einführung eines Onlinestores für sinnvoll.

Tab. 1:   Teilnehmer der Onlineumfrage[34]

Aus der Umfrage ergibt sich, dass der größte Kundennutzen aus einem Onlinestore mit Merchandising-Produkten die Möglichkeit ist, seine Verbundenheit zur Hochschule ausdrücken zu können, andere Hochschüler der gleichen Hochschule zu erkennen oder als solcher erkannt zu werden (Bereich 1). Ebenfalls ist der Wunsch nach einer Produkterweiterung für „Bildungsangebote" (Bereich 2) zu entnehmen und die Möglichkeit einen E-Market mit C2C Verkaufsfläche nutzen zu können (Bereich 3). Die Verteilung liefert Abbildung 4.

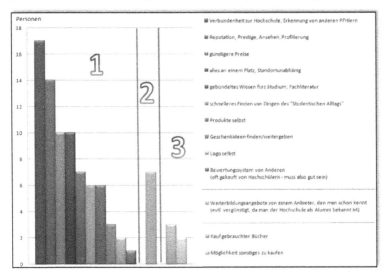

Abb. 5:   Kundennutzen in einem elektronisch unterstützen Hochschulshopsystem

---

[34] Anm.: Die Onlineumfrage wurde ausgewertet mit Hilfe von Wermuth, N.; Streit, R. (Einführung in statistische Analysen) Springer Verlag, 2007; Kuckartz, U. (u.a.), (Evaluation online),VS Verlag, 2009; Holland, H.; Scharnbach, K. (Grundlagen der Statistik), Gabler Verlag, 2000; Scharf, A.; Schubert, B. (Marketing), Schäffer-Poeschel Verlag, 2001; Heigl, N. (Marktforschung), Lexika Verlag 2004

Bisher werden in Hochschulstores noch keine „Bildungsangebote" für Alumni oder andere einer Hochschule angeschlossenen Personen angeboten. Es ist noch nicht üblich in Internetstores „Bildungsangebote"   kaufen zu können. Dies liegt daran, dass man Bildungsangebote nicht wirklich vergleichen kann und es noch keinen dem Studenten bekannten Anbieter gibt. Es bedeutet eine weitere Bindung an die Hochschule, wenn sie nach dem Studium auch Weiterbildungsangebote für Studenten vorhält. Die Befragung erbrachte eine Nachfrage nach Weiterbildungsangeboten durch die Hochschule.

Interessant ist, dass die typischen Kundennutzen, wie sie in Tabelle 2 oder in einer W3B-Umfrage[35] aus dem Jahre 1998 aufgeführt werden, kaum erwähnt wurden, obwohl danach die Nutzer von Onlineshopping folgende Kriterien als wichtigste Vorteile ansehen: [36]

        81 %   Unabhängigkeit von Ladenöffnungszeiten
        62 %   Stressfreier Einkauf
        61 %   Unkomplizierte Bestellmöglichkeit
        54 %   Schnelle Bestellabwicklung
        53 %   Zeitsparendes Einkaufen

Zurückzuführen ist dies auf die zur Selbstverständlichkeit gewordenen Faktoren bei den Einkäufern in einem E-Shop.

Deutlich zu erkennen ist bei den Befragten die Absicht mit Merchandising Produkten die Zugehörigkeit zu einer bestimmten Hochschule auszudrücken. Dies lässt den Schluss zu, dass mit Ihrer Hochschule zufriedene Kunden eher Merchandising Produkte kaufen würden. Das wird von der Umfrage bestätigt.

Alle Personen, die Merchandising-Produkte Ihrer Hochschule kaufen würden, geben dieser auch gute Noten (s. Abb. 5).

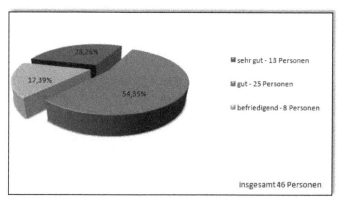

Abb. 6:   Zufriedenheit mit der Hochschule

---

[35] siehe Fittkau und Maaß Consulting; http://www.w3b.org/
[36] Maier, K.; Pützfeld, K. (E-Business), S. 157

Als weiteres Beispiel für Produkte, die in einem elektronisch gestützten Hochschulshopsystem erworben werden können, wird die Möglichkeit auch Bildungsangebote nach dem Studium wahrnehmen zu können, gegeben. Dies geschieht bei einem Anbieter, den man schon kennt und dies führt zu einer Bindung über die Hochschulzeit hinaus.[37]

Weitere Vorteile für die Käufer, die auch durch die Umfrage bestätigt werden, lassen sich aus Tabelle 2 entnehmen.

Bequemlichkeit	Der Kunde kann Zeit und Ort des Einkaufs frei bestimmen (24 h am Tag, 365 Tage im Jahr, weltweit).
Schnelligkeit	Durch Suchassistenten geführte schnelles Finden des Gesuchten und Schnelligkeit in der Lieferung.
Information	Zu den Produkten können eine Vielzahl weiterer Informationen bereitgestellt werden, die für die Beurteilung des Produktes und das Erkennen des Nutzens für den Kunden wichtig sind.
Interaktivität	Der Kunde kann durch Anfragen, Meinungsäußerungen, Bewertungen selbst aktiv in das Online-Geschäft eingreifen.
Personalisierung	Der Service kann nach den individuellen Wünschen des Kunden gestaltet werden (z.B. als Geschenk verpacken).
Kosteneinsparung	Die Kosten bei einem elektronischen Handel sind in der Regel geringer als bei klassischen Vertriebswegen. Die Kostenersparnis kann über reduzierte Preise an den Kunden weitergegeben werden.

Tab. 2:   Kundenvorteile eines elektronisch gestützten Shopsystems[38]

Bei der Befragung wurde deutlich, dass es eine wechselseitige Beziehung zwischen dem Nutzen für die Kunden und dem Nutzen für die Hochschule gibt.

Als Beispiel kann die Serviceerweiterung durch den Onlinestore für die Studenten gesehen werden. Diese fühlen sich gut versorgt und zufrieden auf Grund der günstigen Preise, was sie wiederum veranlassen könnte, positiv von der Hochschule zu berichten und durch Merchandising Artikel ihre Zufriedenheit auch zu zeigen.

In Abbildung 6 und in Abbildung 7 werden die Top 10 der meist genannten Produkte, die zur Auswahl standen, gegenübergestellt.

---

[37] Vgl. sog. „Alumni-Marketing" unter http://www.onpulson.de/lexikon/5926/alumni-marketing/ (Stand: 21.10.2009)
[38] Vgl. Ebel, B. (E-Business), S. 154

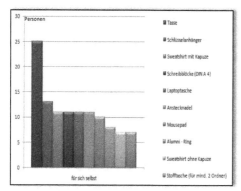

Abb. 7: Merchandisingprodukte Eigengebrauch

Die „Merchandising Tasse" schnitt sowohl für den Eigengebrauch als auch als Geschenk am besten ab.

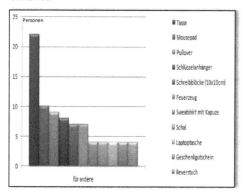

Abb. 8: Merchandising-Produkte für Dritte

Absichtlich nicht zur Auswahl standen T-Shirts (ebenso Polohemden, Longsleeves oder Sportbekleidung), Aufkleber und Baseballkappen, drei typische Merchandising-Produkte anderer Hochschulen. Mindestens eines dieser Produkte wünschen sich für einen Onlinestore ihrer Hochschule 58,33 % der befragten Merchandising-Befürworter.

Überraschend war der hohe Nachfrageanteil i.h.v. 25% an PCs, PC-Zubehör (USB Stick) und MP3 Playern, da diese nicht als typische Merchandising Produkte gelten, aber mittlerweile in vielen Hochschulstores angeboten werden.

Einen Vorteil für die Hochschule durch Merchandising-Produkte sehen die Befragten in der Erhöhung des Bekanntheitsgrades der Hochschule. Die Erhöhung des Bekanntheitsgrades bezieht sich nicht nur auf den Namen der Hochschule sondern auch auf andere Produkte der Hochschule. Dadurch erhält die Hochschule die Möglichkeit eine andere Zielgruppe anzusprechen, die Besuchszahlen der Homepage positiv zu beeinflussen und den Traffic auf derselben zu erhöhen[39] oder mehr Personen anzusprechen.

Ebenfalls wird Merchandising als Möglichkeit der Werbung gesehen. Repräsentative Zwecke sind auch der Grund, warum die Freie Universität Berlin in die Herstellung von Merchandising-Produkten investiert hat.[40] Der weitere Nutzen für die Hochschule lässt sich aus Abbildung 8 entnehmen.

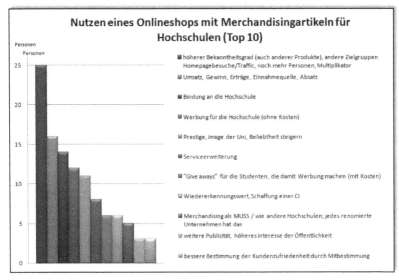

Abb. 9: Nutzen der Hochschule (Top 10) aus Sicht der Befragten

Viele der Befragten sehen in einem Onlinestore eine weitere Einnahmequelle für die Hochschule. Dies kann bewusst von der Hochschule gesteuert werden.[41]

Als Möglichkeiten stehen hier zwei typische Varianten zur Auswahl:

Die Hochschule arbeitet kostendeckend, alle Preisvorteile werden über die Preisgestaltung direkt an die Kunden weitergegeben. Die Kunden erhalten dadurch evtl. einen weiteren Anreiz, andere Produkte in diesem Store zu kaufen. Die Zufriedenheit der Kunden wächst und mit Hilfe der Merchandising-Produkte wird kostenneutrale Werbung gemacht.[42] Davon profitiert wiederrum die Hochschule und ein Werbekreislauf wird in Gang gesetzt.

Dieser Werbekreislauf kann auf der einen Seite aktive Werbung der Hochschule (Merchandising-Geber) sein, z.B. in Form von Werbegeschenken, die diese bezahlen muss. Der Nutzen liegt hier sowohl beim Benutzer z.B. einer Tasse als Werbegeschenk, als auch bei der

[39] Anm.: Durch die Erhöhung des Traffics (hits per page) auf einer Internetseite wird die Seite im Ranking einer Suchmaschine nach oben steigen.
[40] o. V. Merchandising – Die Universität als Marke, in: Kölner Stadtanzeiger am 10.10.2009
[41] Vgl. zu preispolitischen Entscheidungen: Meffert,H.; Burmann, C.; Kirchgeorg, M. (Marketing) Kapitel 2; besonders Kapitel 2.51 (Kostenorientierte Preisfindung); 2008; Gabler; S. 524 ff.
[42] Vgl. Levinson, Jay Conrad (Guerillia-Marketing-Ideen), Campus Verlag, 2000

Hochschule, die ihren Namen bewirbt, weil andere Personen die Tasse sehen. Auf der anderen Seite dieses Werbekreislaufes steht die imaginäre Wertsteigerung, die der Merchandisinganhänger (Student) empfindet, weil er unbedingt z.B. eine Tasse der Hochschule als Merchandisingartikel besitzen will und deswegen das Merchandisingprodukt kauft.

Diese Möglichkeit beinhaltet den Gedanken des monetären Zugewinns für die Hochschule. Hierbei ist darauf zu achten, dass die Kunden den Preis für das Produkt noch zahlen möchten. Beide Varianten führen zur Verbreitung des Namens der Hochschule. Dies kann in Eigenregie erfolgen, da ein Onlinestore weitaus weniger Personal benötigt als eine oder mehrere Geschäftsstellen. Viele Hochschulen bieten Ihre Merchandisingprodukte sowohl im Internet als auch z.B. in AStA-Shops oder universitätsnahen Büchereien an, was wiederum Personal und Zeit bindet.[43] Fernhochschulen müssten in jeder Niederlassung einen Warenvorrat anlegen, was Kapital bindet und Personal abstellen, welches sich um die Verteilung der Waren kümmert. Bei der reinen Verteilung über einen Internetshop wäre ein gutes Supply Chain Management in der Lage mit make-on-demand (d.h. die Herstellung erfolgt nur, wenn Bedarf vorliegt) einen großen Lagerhaltungsaufwand zu vermeiden und weitere deutliche Einsparpotenziale zu realisieren.[44]

Auf dem Markt sind ebenfalls Anbieter, die – gerade auf dem Merchandisingsektor – als eine Art „Subunternehmen" fungieren und alle anfallenden Arbeiten übernehmen. Die Finanzierung erfolgt über den Webshop selber. Es muss nicht mal selbst ein eigener Internetshop erstellt werden.[45] Abbildung 9 verdeutlicht die Möglichkeiten einer Subunternehmerlösung.

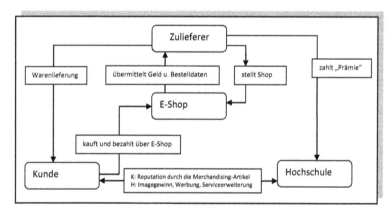

Abb. 10: E-Shop als Subunternehmerlösung

Ein weiterer Vorteil liegt in der Abgabe des Risikos an den Subunternehmer. Dies könnte genutzt werden um das Projekt „Merchandising an einer Hochschule" gefahrlos zu testen und im Erfolgsfall in Eigenregie zu adaptieren. Ein Erfolgsfall kann von mehreren Faktoren abhängig

---

[43] Vgl. Universität Hohenheim unter https://www.uni-hohenheim.de/uni-shop.html (Stand 21.10.2009)
[44] Vgl. Zeitschrift Logistik heute; (Bestellung vollautomatisch), 12/2003, S. 66f
[45] Ein solcher Anbieter ist z.B. www.kleidwerk.de (Telefoninterview am 20.10.2009)

sein. Um diese zu ermitteln ist eine Dependenzanalyse nötig, bei der ein Kausalzusammenhang dergestalt angenommen wird, dass mehrere unabhängige Variablen eine (oder mehrere) andere Variable – z.B. die Absatzmenge – beeinflussen (vgl. Abb. 10).[46]

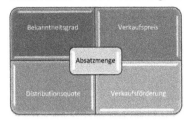

Abb. 11: Beispiel der Faktoren einer Dependenzanalyse zur Absatzmenge [44]

Einige der Faktoren, die zu beachten wären um die Rentabilität eines Hochschulshop mit Merchandising-Produkten aufzuzeigen, sind beispielsweise die durchschnittliche Kaufhäufigkeit und Kaufsumme im Vergleich zu der Kaufhäufigkeit und den Durchschnittsausgaben in einem anderen Internetshop.

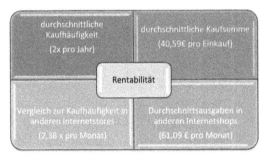

Abb. 12: Beispiel der Faktoren einer Dependenzanalyse zur Rentabilität

Die aus der Umfrage gewonnen Daten werden hier zu einem beispielhaften Ansatz einer Dependenzanalyse zusammengefasst.

4   Grenzen im Hochschulsektor

Die ersten Grenzen werden in der Benutzung des Mediums „Internet" aufgezeigt. Nicht überall ist ein Internetzugang oder das technische Verständnis für die Benutzung vorhanden. Dies wird dadurch deutlich, dass 27,03% der Befragten zwar Merchandising-Produkte Ihrer Hochschule kaufen würden, aber nicht in einem Onlinestore.

Hier müsste überlegt werden, ob die Zielgruppe mit einem Ladengeschäft erreicht werden könnte. Hierbei würden aber u. a. Material- und Lagerhaltungskosten anfallen.

---

[46] Vgl. Scharf, A.; Schubert, B. (Marketing), S. 413

Weiterhin werden Grenzen durch die Rechtslage (u.a. Kauf durch Jugendliche unter 18 Jahren), Sicherheit, Datenschutz, Haftung und die Technische Realisierungsmöglichkeit gesetzt. Auf diese Bereiche wird in dieser Hausarbeit aber nicht weiter eingegangen.

Ebenfalls werden die Aufgabenstellungen im Supply Chain Management an verschiedenen Schnittpunkten von Problemen begleitet. Diese Probleme wiederum müssen mit angepassten Methoden gelöst werden. So wird z.B. der Kundenkontakt mit der Methode des Customer Relationship Management, der interne Mitarbeiterbezug durch das Human Resource Management und die Zuliefererbeziehungen durch das Supplyer Resource Management versucht zu einem Optimum zu führen.[47] Dies erfordert einen hohen personellen Aufwand[48], der möglicherweise den Nutzen des Projektes „E-Merchandising an einer Hochschule" weit übersteigt.

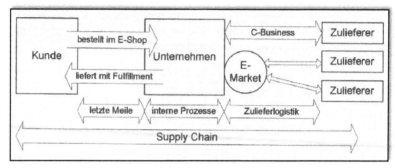

Abb. 13: Bestellvorgang über das Unternehmen[44]

Eine Möglichkeit in der Lösung dieses Problems liegt im Collaborative Business (C-Business). „C-Business ist die Weiterentwicklung von E-Business durch konsequente Anwendung der Internet-Struktur zur Bildung strategischer Allianzen zwischen Geschäftspartnern. Es ist eine Ergänzung zum Supply Chain Management indem es durch Einsatz von IT-Technologien die Planung, Steuerung, Information und Logistik [...] verbessert."[49]

Nicht an jeder Universität ist das Geschäft mit Merchandising Produkten ein Erfolg. Die Hochschule für Technik und Wirtschaft in Berlin bietet ihre Produkte nur noch online an, seit sie Ihren Shop geschlossen hat. Auch der Laden der Technischen Universität Berlin ist derzeit geschlossen. Es scheint, als sei das Hochschul-Merchandising kein Gewinngeschäft, da den meisten Studenten z.B. die Hochschulkleidung zu teuer ist.[50] Ein weiteres Problem sind die hohen Außenstände. Auf Rechnung würden 72,30% der Nutzer von Internetshops einkaufen, wobei die Deckungsquote nicht bekannt ist.

---

[47] Vgl. Ebel, B. (E-Business), S. 174
[48] Auf das Team rund um ein E-Commerce Projekt wird in dieser Hausarbeit nicht weiter eingegangen, zur Vertiefung wird auf Maier, K; Pützfeld, K. (E-Business). S. 298 ff verwiesen.
[49] Vgl. Ebel, B. (E-Business), S. 175
[50] o.V. Merchandising – Die Universität als Marke, in: Kölner Stadtanzeiger vom 10.10.2009

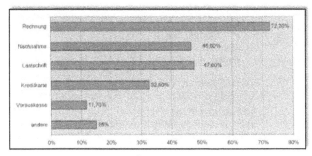

Abb. 14: Nutzung von Bezahlsystemen[51]

Der fehlende persönliche Kontakt zwischen Kunden und Verkäufern und eine geringe Kundenbindung führen oft zum Abbruch von Transaktionen in der Net Economy und dem „Phänomen der verlassenen Einkaufswagen".[52]

Ebenfalls sollte die Möglichkeit geschaffen werden, Nachfragen zu den Produkten zu stellen. Dies könnte per Mail oder Hotline erfolgen, was wiederum nur mit einem hohen personellen Aufwand zu gewährleisten wäre.

5   Fazit

Der Absatz auf dem Internetmarkt gilt als hart umkämpft. Das Merchandising einer Hochschule bietet aber kaum Angriffsfläche für einen Konkurrenzanbieter.

Der Kunde wird nicht in anderen Internetportalen nach Merchandisingartikeln seiner Hochschule suchen, denn er möchte ein Merchandising Produkt seiner Hochschule erwerben. Die Nachfrage nach Merchandising-Produkten, wie die einer Hochschultasse aber auch anderer Produkte, um die Zugehörigkeit zur seiner Hochschule auszudrücken, ist vorhanden. Allerdings sollte überlegt werden, ob ein elektronisch gestützter Hochschulshop die einzige Möglichkeit sein soll Merchandising-Produkte zu vertreiben. Die Hochschule würde sich bei Besuchen der Hochschule, z.B. bei Festlichkeiten, spontane Einkäufe entgehen lassen.

Das Risiko eines eigenen Internet-Hochschul-Angebotes kann minimiert werden, indem dieser Geschäftsbereich risikoarm ausgelagert wird. So kann in einem Testlauf kontrolliert werden, ob sich die Schaffung eines eigenen Internetshops, der bei Merchandisingartikeln recht wartungsarm sein sollte, lohnt. Allerdings sind bei Outsourcing auch die Gewinne nicht so hoch wie bei der Durchführung in Eigenregie.

Ebenfalls bleibt zu klären, wie aussagekräftig die vorliegende Primäruntersuchung ist. Diese war freiwillig und das Thema der Umfrage war bekannt. Es ist davon auszugehen, dass mehr an Merchandising interessierte Personen an der Umfrage teilgenommen haben, so dass eine

---

[51] Quelle: http://www.ecin.de/ (2001)
  (entnommen aus: Maier, K; Pützfeld, K. (E-Business), S. 183)
[52] Vgl. Grebb, M. (Viele Besucher, wenig Käufer), Business 2.0, Heft 9/2000 S. 74

Aussage von der Stichprobe auf die Grundgesamtheit schwierig werden könnte. Durch eine Wiederholung bei einer anderen, größeren Testgruppe könnten die gewonnenen Erkenntnisse überprüft werden.

Die Ergebnisse aus der durchgeführten Befragung weisen in die Richtung, dass die wechselseitigen Vorteile des Merchandisings für die Hochschule, als auch für die Studenten, als wichtiges Potential genutzt werden könnte, indem ein Internetshop als hauseigene Vermarktungsstrategie das E-Merchandising weiterverfolgt.

„Ein großer Gedanke kennt keine Grenzen"

Leo N. Tolstoi

Anhang

Beispiele für Produkte und Merchandising-Lösungen anderer Hochschulen

Campusshop der Universität Mannheim
https://www.campusshop.uni-mannheim.de/artikel/

Campusshop der Universität Hohenheim
https://www.uni-hohenheim.de/uni-shop.html/

Verwendete Literatur und Quellenangaben

Böhm, A.; Felt, A. (e-commerce 2001); e-commerce kompakt, Spektrum Verlag, o.O., 2001

Böll, K.; (Merchandising 1999); Merchandising und Licensing – Grundlagen, Beispiele, Management, Vahlen Verlag, München, 1999

Brockhaus, Band 3, 8.Auflage, o.O., o.J.

Buss, A. (Internet-Marketing 2009); Internet Marketing, Markt & Technik, o.O., 2009

Dichtl, E.; Issing, O. (Wirtschaftslexikon 1994), Vahlens Großes Wirtschaftslexikon, 2., überarb. u. erw. A. (Januar 1994), o.O., 1994

Ebel, B. (E-Business 2007); E-Business, Kiehl, 2007

Eber, A. (Merchandising 1991); Erfolgreiche Merchandising Strategien, Ueberreuter Verlag, o.O., 1991

Grob, H. L.; Brocke, J. v., (Internetökonomie 2006), Internetökonomie, Vahlen Verlag, o.O., 2006

Hätty, H. (Markentransfer 1989); Der Markentransfer, Physica-Verlag, Heidelberg., 1989

Heigl, N. (Marktforschung 2004), Marktforschung, Lexika Verlag, Würzburg, 2004

Hiebing, R. G.; Hiebling, R.; Cooper, S. W. (marketing plan 2004); The one-day marketing plan: organizing and completing a plan that works, McGraw Verlag, o. O., 2004

Holland, H.; Scharnbach, K. (Grundlagen 2000), Grundlagen der Statistik – Datenerfassung und-darstellung, Maßzahlen, Indexzahlen, Zeitreihen, 4., überarbeitete Auflage 2000, Gabler Verlag, Wiesbaden, 2000

Jamson, S.; Fraukemölle, G. (Online-Shop 2009); Der erfolgreiche Online-Shop, Data Becker, o.O., 2009

Levinson, J.C. (Guerilla 2000), Guerilla-Marketing-Ideen, Campus Verlag, Wien, 2000

Kollmann, T. (E-Entrepreneurship 2006), E-Entrepreneurship: Grundlagen der Unternehmensgründung in der Net Economy, Wiesbaden, 2006

Kollmann, T. (E-Venture 2005), E-Venture: Unternehmensgründung im Electronic Business, 2004

Kuckartz, U. ,Elbert, T., Rädiker, S., Stefer, C., (Evaluation), Evaluation online – Internetgestützte Befragung in der Praxis, VS Verlag, Wiesbaden, 2009

Maier, K.; Pützfeld, K. (E-Business 2002); Der E-Business-Spezialist, Addison Wesley, o. O, 2002

Meffert, H.; Burmann, C.; Kirchgeorg, M. (Marketing 2008), Marketing – Grundlagen marktorientierter Unternehmensführung, 10., vollständig überarbeitete und erweiterte Auflage, Gabler Verlag, Wiesbaden, 2008

Pfaff, D. (Marktforschung 2005), Marktforschung, Cornelsen, Berlin, 2005

Ruijsenaars, H. E. (Merchandising 2003); Character Merchandising in Europe, Kluwer Law International, o. O., 2003

Scharf, A.; Schubert, B. (Marketing 2001), Marketing – Einführung in Theorie und Praxis, 3. Auflage, Schäffer-Poeschel Verlag, Stuttgart,2001

Schertz, C. (Merchandising 1997); Merchandising: Rechtsgrundlagen und Rechtspraxis, Beck Verlag, o.O., 1997

Wirtz, B. (Electronic Business 2001), Electronic Business, Gabler Verlag, 2. Auflage 2001, o.O. 2001

Wermuth, N.; Streit, R.(Einführung), Einführung in statistische Analysen, Springer Verlag, Berlin, 2007

Zeitschriftenverzeichnis

Grebb, M., Viele Besucher, wenig Käufer, in: Business 2.0, Heft 9/2000

o. V., Bestellung vollautomatisch, in: Logistik heute, Heft 12/2003

o. V., Wertschöpfungsnetzwerke, in: Wirtschafts-Informatik (WI) aktuell, Heft 1/2006

Internetverzeichnis
(Liegt in digitaler Form auf der CD vor.
Bitte die *index.html* auf der beiliegenden CD im Verzeichnis *Internetverzeichnis* öffnen)

http://www.amazon.de/ (19.10.2009) hier: als Beispiel für Marketplaces

http://www.ebay.de/ (01.10.2009) hier: als Beispiel für eine E-Community

http://www.enic.de/ (2001) hier: Statistik zur Nutzung von Bezahlsystemen

https://www.campusshop.uni-mannheim.de/artikel/ (21.10.2009)

http://www.kleidwerk.de/ (20.10.2009) hier: als Anbieter für Internetshops

http://www.ksta.de/html/artikel/1254339049256.shtml für: Merchandising - eine Universität
    als Marke (26.10.2009)

http://www.onpulson.de/lexikon/5926/alumni-marketing/ (21.10.2009)

http://www.paypal.com/ (01.10.2009) hier als Beispiel für eine E-Community

http://www.psycho.uni-duesseldorf.de/abteilungen/ddp/Dokumente/Publications/
    1997.Musch.GeschichteDesNetzes.pdf (02.10.2009)

http://www.renault.de/renault-modellpalette/disney-pixar-oben/ (12.10.2009)

http://www.startup.ch/index.cfm?CFID=122387&CFTOKEN=42717954&page=113683
(27.10.2009)

http://www.w3b.org/ (17.10.2009)

Verwendete Software

- Adobe Master Collection CS4
- HTTrack – Website Copier
  http://www.httrack.com
  Programm mit dem ich ein aktives Internetverzeichnis auf CD erstellt habe, welches
  die Suche in und nach den angeführten Internetquellen vereinfachen soll.
  Dazu bitte die index.html im Verzeichnis Internetverzeichnis anklicken
- LimeSurvey
  (formerly PHPSurveyor) is an Open Source PHP web application to develop, publish
  and collect responses to online & offline surveys.
  http://www.limesurvey.org
- Microsoft Office 2007
- Microsoft Vista Ultimate

Daten der Primärerhebung

Eine Umfrage in Papierform liegt der Hausarbeit abschließend bei. Die Daten der Umfrage sind
als Excel Dateien im Verzeichnis _Daten_ beigefügt. Die Umfrage ist online unter:
http://www.dck-computer.de/umfrage/index.php?sid=82255&lang=de
zu erreichen.

.